Jacques Weijters

Un cheval chez les gitans

Illustré par Fred de Heij

bilbOquet

Table des matières

1
Le cheval fou

Le camion s'était arrêté devant l'abattoir de la ville. Sur les côtés, on pouvait lire l'inscription *transport de bétail* peinte en lettres rouges.

Deux hommes en descendirent en claquant les portières. Ils rabattirent le hayon. Puis l'un des deux grimpa dans le fourgon et en ressortit aussitôt, une corde à la main. Tous deux tirèrent, tirèrent jusqu'à ce que l'animal apparaisse.

Ce jour-là, ils amenaient à l'abattoir un cheval noir.

« Holà, du calme, du calme ! » cria le chauffeur essoufflé.

Le cheval était nerveux : il se débattait et refusait d'avancer. Tous ses muscles étaient raidis et des gouttes de sueur perlaient le long de son cou. On aurait dit que l'animal sentait ce qui allait lui arriver.

« Aide-moi, André ! Mais attention, il est dangereux ! »

André cravacha le cheval pour le faire avancer et, petit à petit, les deux hommes le traînèrent jusqu'à la sortie du fourgon. C'est alors que l'incident se produisit.

Le cheval s'immobilisa brusquement. Les deux hommes tirèrent de plus belle sur la corde, mais en vain. Plus ils tiraient, plus l'animal résistait. Soudain, il se cabra, projetant ses pattes de devant au-dessus de leurs têtes. Effrayés, les deux hommes reculèrent en lâchant la corde. Le cheval bondit hors du fourgon et s'élança sur le bitume.

« Rattrape-le ! » s'écria le chauffeur hors de lui. Mais il était trop tard : le cheval s'éloignait déjà.

« Nom d'un chien ! Rattrapez-le ! » hurla une voix au-dessus d'eux.

C'était la voix du directeur de l'abattoir qui avait assisté de sa fenêtre à l'incident. Il était rouge de colère.

« Bien, M'sieur Lelard ! » répondit André sans oser lever les yeux. Et il se mit à courir, mais le cheval avait déjà disparu.

« André ! En camion ! Vite ! » cria le chauffeur en mettant le contact.

Et la bétaillère redémarra à la poursuite du cheval noir sous les yeux furibonds du directeur. Elle disparut au coin de la rue dans un crissement de pneus.

« Quelle bande d'incapables ! maugréa le directeur en refermant sa fenêtre. S'ils s'imaginent qu'ils pourront le rattraper, ils se mettent le doigt dans l'œil. Il va falloir se mobiliser… Alex ! Alex ! tonna-t-il. Où est-il celui-là ? Jamais là quand on a besoin de lui… Il faut prévenir la police, la télévision, poursuivit-il en s'emparant du téléphone. Cette bête est trop dangereuse… »

2

La petite gadjo !

Célia eut l'impression qu'un monceau de tuiles avait dégringolé du toit derrière elle. Elle se retourna d'un coup et l'aperçut : le cheval était énorme et galopait comme un fou sur la route. Le bruit ne venait pas du toit, mais de ses sabots qui claquaient sur le bitume. Il semblait pris de panique et fonçait droit sur elle.

La fillette voulut fuir, mais elle était incapable de bouger, paralysée par la peur. C'est alors que deux bras la saisirent et la hissèrent sur le trottoir, tandis qu'un homme bondissait sur la route au devant de l'animal affolé. Celui-ci s'arrêta net. Le cheval et l'homme étaient très proches, le regard de l'un plongeait dans celui de l'autre.

Puis le cheval se mit à tourner autour de l'homme. Ses naseaux frémissaient et une écume blanche bordait sa bouche. L'homme ne faisait

aucun geste, s'efforçant de ne pas effrayer l'animal. Puis il lui parla dans une langue que Célia ne comprenait pas. Sa voix eut un effet immédiat : on aurait dit que le cheval l'écoutait.

Quand l'homme tendit la main pour le caresser, le cheval eut un dernier frisson de nervosité, mais se laissa faire. L'homme était parvenu à le calmer et à le mettre en confiance.

Quant aux bras qui avaient sauvé Célia, ils appartenaient à un jeune garçon à peine plus âgé qu'elle.

« Ne crains rien, lui dit celui-ci en souriant, mon père connaît bien les chevaux. D'ailleurs, tous les Roms savent s'y prendre avec les chevaux.

– Les Roms ? demanda Célia interloquée.

– Les romanichels, si tu préfères, expliqua le garçon en souriant de plus belle.

– Tu es un ro… roma… nichel ? »

La voix de Célia tremblait. On lui avait raconté tellement d'histoires sur ces gens-là qu'elle en avait toujours eu un peu peur. Et voilà qu'aujourd'hui, non seulement elle avait failli se faire renverser par un cheval, mais en plus elle se trouvait nez à nez avec un romanichel.

« Je m'appelle Django, reprit le garçon. Et toi, comment t'appelles-tu ?

– Céé… élia, bredouilla-t-elle.

– J'ai l'impression de t'avoir déjà rencontrée quelque part, dit Django en la dévisageant. Est-ce que tu n'habites pas en face de notre camp ? »

La peau du jeune garçon était mate et ses yeux noirs brillaient intensément. Il souriait, attendant visiblement une réponse.

« Tu vis sur le terrain en face de chez moi ? demanda Célia la voix chevrotante.

– Ouais, on peut dire qu'on est voisins ! »

Célia essaya de lui rendre son sourire.

« Viens avec nous ! intervint le père du garçon. Tu boiras une bonne tasse de café. C'est excellent quand on a eu peur. »

L'étrange quatuor se mit en route. Le cheval les suivait maintenant sans broncher : il avait l'air docile et gentil.

« Ce cheval a dû avoir une frousse bleue pour se comporter comme il l'a fait, remarqua le père.

– D'où peut-il venir ? demanda Django.

– À voir l'état de sa robe, c'est un cheval de selle, répondit son père. Mais ce sont ses blessures qui m'inquiètent. Il a de vilaines marques sur les flancs. Il a dû être battu.

– C'est peut-être pour ça qu'il s'est emballé, observa Célia, oubliant tout à coup sa peur. Il essayait de fuir. En tout cas, c'est ce que je ferais si on me battait.

– Moi, je rendrais les coups, renchérit Django. Et plus fort. Pauvre bête ! » ajouta-t-il en caressant le dos de l'animal.

Puis il se mit à lui parler en se servant des mêmes mots que son père avait prononcés pour calmer l'animal.

Célia l'écoutait, intriguée. Django remarqua sa surprise et lui expliqua :

– C'est du romani, la langue des Roms. Avant, on avait toujours des chevaux pour tirer nos roulottes. Les chevaux adorent voyager, ils nous ressemblent, c'est pourquoi on les aime.

– Ça a un peu changé, Django, intervint son père en fronçant les sourcils, mais tu lui expliqueras ça plus tard. En attendant, allons-y ! »

Tout en marchant, Célia se posait une multitude de questions. D'où pouvait bien venir le cheval ? S'était-il échappé d'un manège ? Pourquoi portait-il de telles marques ? L'avait-on rossé ? Et, ce qui l'avait surtout étonnée, c'était le brusque changement de comportement du cheval au contact du père de Django.

Le petit groupe arriva au coin de l'avenue de l'Europe. Cette avenue était bordée d'un côté par des habitations. De l'autre, s'étendaient des champs et des terrains vagues.

Le campement des Roms occupait l'emplacement de l'ancien terrain de jeux. Il était composé de caravanes et de vieilles roulottes. La mairie avait fait installer des douches et des toilettes, comme dans les campings. Le terrain était entouré de champs en friche. Derrière, commençait une forêt qu'on appelait le Bois noir.

Quand ils approchèrent avec le cheval, tout le campement accourut : les femmes, les enfants, les hommes. Tous les Gitans les entourèrent.

« Hé ! Manolo, où as-tu trouvé ce cheval ? s'exclama une vieille femme en s'adressant au père de Django.

– Il s'est trouvé sur mon chemin, répondit celui-ci avec malice.

– Regardez, vous avez vu les marques ? signala Django en montrant les blessures du cheval aux enfants.

– Ce cheval s'est fait battre », opina un vieil homme.

Le vieil homme portait un chapeau noir aussi fatigué que son visage. Il entama avec Manolo une conversation en romani apparemment très animée. Pendant qu'ils discutaient, les enfants entouraient le cheval en riant. Certains voulurent même monter sur son dos. Le cheval recommençait à s'agiter, il raclait le sol de ses sabots.

« Olà, *kourdo*, du calme ! intervint Manolo. Doucement, n'aie pas peur ! »

Manolo guida le cheval à travers la foule et le conduisit dans un des près qui bordait le camp.

« Comment l'a-t-il appelé ? demanda Célia à Django dès qu'il se fut éloigné.

– Qui ? Le cheval ? *Kourdo.* »

Célia acquiesça de la tête.

« *Kourdo*, ça veut dire cheval. Étalon plus précisément », expliqua Django.

Mais leur discussion fut interrompue par une exclamation courroucée :

« Django ! Qui est cette fille ? »

Le ton de la vieille tzigane était menaçant. Célia se sentit soudain mal à l'aise. Jusqu'alors,

personne ne semblait l'avoir remarquée et brusquement, tout le monde avait le regard braqué sur elle.

« Une *gadjo*, on dirait », ajouta la vieille femme avec mépris. Elle ne lâchait pas Célia des yeux.

« Elle s'appelle Célia », dit Django. Puis il lui parla en romani. Le visage de la vieille tzigane se détendit presque aussitôt.

« Moi, c'est Lenka, annonça-t-elle en lui tendant la main avec un grand sourire.

– *Gadjo* ? demanda Célia après lui avoir tendu la sienne.

– Tous ceux qui ne sont pas comme nous sont des *gadjé,* expliqua Lenka. C'est comme ça qu'on les appelle. Mais ce n'est pas pour ça que tu es forcément mauvaise ! »

La vieille femme souriait en tenant la main de Célia enfermée dans la sienne. Célia se sentait mieux, elle n'avait plus peur. La main de Lenka ressemblait à du cuir tanné par les années.

Tout le monde voulut serrer la main de Célia. C'était rare qu'une gadjo soit parmi eux. D'habitude, personne ne venait les voir, excepté la police.

Célia fit la connaissance de tous les Gitans. Le vieil homme au chapeau noir s'appelait Bimbo, c'était l'arrière-grand-père de Django. La mère de Django s'appelait Dina. Elle tenait un bébé dans ses bras.

« Alors, Célia, cette tasse de café ? » s'enquit une voix derrière elle. C'était Manolo qui revenait.

« Comment ça s'est passé ? Racontez-nous ! » supplièrent les enfants. Django se mit à relater l'histoire dans ses moindres détails. Tous les enfants s'étaient assis par terre et l'écoutaient, ébahis.

« Django m'a sauvée de justesse, ajouta Célia spontanément.

– Django le héros ! » s'écria une jeune fille, moqueuse. Et tout le monde éclata de rire.

« Arrête, Senna ! protesta Django, rouge de confusion. C'est ma cousine, ajouta-t-il tout bas pour Célia. Elle se moque toujours de moi. »

Célia se sentait maintenant parfaitement à l'aise. Tout compte fait, les romanichels étaient des gens comme les autres. Pourquoi les gadjé, comme ils disaient, les redoutaient-ils tant ? Ils se font des idées fausses, pensa Célia.

« Hé, le héros, prépare-nous du café ! » lança Dina avec un grand sourire. Django haussa les épaules en soupirant.

« Viens, Célia ! dit-il. Comme ça, tu visiteras la roulotte. C'est celle de mes arrière-arrière-grands-parents. Mon père ne veut pas s'en débarrasser. »

Célia suivit Django et gravit les escaliers en bois. La roulotte était peinte de toutes les couleurs. De part et d'autre du toit pendaient des guirlandes et des petits lampions. Les volets étaient gravés avec finesse. On y lisait toutes sortes de signes, de lettres, de symboles.

« Ce sont des poèmes et des chansons, expliqua Django. On les a gravés là pour ne pas les oublier. »

L'intérieur était beaucoup plus grand que Célia ne l'avait imaginé.

« La télévision est allumée, remarqua Célia en apercevant l'énorme poste qui trônait au milieu d'un salon improvisé.

– On la laisse toujours allumée, confirma Django. Mon père l'appelle "Le papier peint animé". En fait, on regarde surtout les informations. Le reste n'intéresse personne. En plus, tout le monde ne peut pas lire les sous-titres.

– Tout le monde ne peut pas lire les sous-titres ? s'étonna Célia. Mais le poste est énorme !

– La taille du poste n'a rien à voir, marmonna Django vexé. Ils ne savent pas lire, c'est tout.

– Comment ça ? demanda Célia. Je ne comprends pas, explique-moi.

– Il y en a parmi nous qui n'ont jamais appris ni à lire ni à écrire, répondit Django, comme mon père. Pourtant, ils parlent souvent plusieurs langues en plus du romani.

– Plusieurs langues ? s'étonna Célia. Mais comment les ont-ils apprises ?

– En voyageant dans différents pays. Tu sais

comment on dit café en romani ? demanda Django en pénétrant dans la cuisine.

–… ?

– *Goedli*, et on l'aime corsé ! » poursuivit-il en versant la moitié du paquet de café dans la cafetière.

Pendant qu'il faisait chauffer l'eau, Célia remarqua une vieille affiche accrochée au mur. Elle représentait un tzigane à la fine moustache qui tenait une énorme guitare.

« Qui est-ce ? questionna-t-elle.

– Django Reinhardt. Tu n'as jamais entendu parler de lui ? demanda Django.

– Ben, non, répondit Célia gênée.

– C'était un musicien. Il a joué dans le monde entier. Il a même écrit des musiques de films. On m'a appelé comme lui : je suis peut-être sa réincarnation. »

Célia ne put s'empêcher de pouffer de rire.

« Célia, tu peux m'aider ? » Mais Célia ne l'écoutait plus. Elle était plantée devant le poste de télévision.

« Django, s'écria-t-elle, on parle du cheval à la télévision ! »

Django sursauta et renversa le sucrier sur le plateau.

3

Avis de recherche

Célia et Django étaient accroupis devant le poste de télévision. Ils écoutaient le présentateur :

«… ce cheval est dangereux, il a déjà mordu un jeune garçon. Il s'est échappé de l'abattoir *"Legras et fils"* aux alentours de neuf heures, ce matin. Deux hommes qui tentaient de le maîtriser ont failli être piétinés. Selon des témoins, l'animal a été aperçu près du Bois noir. Quiconque détient des informations est tenu de les communiquer à la police le plus rapidement possible. »

« Papa, papa ! hurla Django en bondissant dehors. Le cheval s'est échappé de l'abattoir !

– Comment ça de l'abattoir ? Qu'est-ce qu'un cheval pareil ferait à l'abattoir. Il est en bonne santé !

– Ils disent qu'il est dangereux, expliqua Célia. Il a mordu un enfant.

– Le kourdo, dangereux ? Hum ! C'est plutôt l'enfant qui devait être dangereux. Décidément, ces gadjé ne comprendront jamais rien ! » s'indigna Manolo.

Plus personne ne pensait au café. Tout le monde parlait du kourdo.

« Il faut faire quelque chose pour le sauver, intervint Dina. S'il s'est échappé, c'est qu'il y a une raison.

– Le kourdo est venu jusqu'à nous, fit remarquer Lenka pensivement. Il connaît les Gitans. Il sait que nous ne lui ferons pas de mal.

– Il faut faire vite, les pressa Célia, sinon les habitants de la rue vont prévenir la police.

– Il ne faut pas qu'ils le retrouvent, déclara résolument Django. On n'a qu'à le cacher.

– Le cacher ? Comment veux-tu cacher un cheval ! s'exclama son père. Un cheval s'ébroue et hennit. Il faut qu'il respire. S'il a peur, il va piaffer. Même s'il était conscient du danger, il se trahirait lui-même.

– Il faudrait le camoufler », suggéra Célia songeuse. Puis tout à coup, elle s'écria :

« J'ai une idée ! Ma mère vient de se teindre les cheveux. Et plus personne ne la reconnaît. Beaucoup de gens ne voulaient pas croire qu'il s'agissait de la même personne... » Elle réfléchissait tout en parlant : « C'est ça qu'il faut faire ! On doit teindre le kourdo ! »

Les Gitans la regardèrent ébahis. Puis Bimbo éclata de rire :

« On peut dire que tu as le sens de l'humour ! Tu dois avoir du sang gitan dans les veines, petite gadjo. Personne n'a jamais teint un cheval vivant !

– C'est pour ça que ce n'est peut-être pas une si mauvaise idée, la défendit Manolo. Personne n'y penserait. Tout le monde s'obstinerait à chercher un cheval noir. Et il sera là, au vu de tous. C'est une très bonne idée sais-tu, Célia.

– Mais avec quoi va-t-on le teindre ? demanda Django.

– Avec de la peinture, tiens ! répondit Célia qui s'impatientait. J'en ai dans mon garage, et des pinceaux aussi. On a repeint les murs en blanc il n'y a pas longtemps. Je vais chercher ce qu'il faut ! Attendez-moi, je reviens ! »

Et Célia disparut sans leur laisser le temps de réagir.

Elle arriva chez elle hors d'haleine et appela : « Maman ! Maman ! » Mais sa mère ne répondit pas : elle était sortie et avait déposé sur la table un petit mot que Célia s'empressa de lire :

Je suis allée faire des courses. Je reviens vers cinq heures. Il y a du gâteau dans le réfrigérateur. Je t'embrasse.

Célia but une tasse de lait et courut dans le garage prendre le pot de peinture et les pinceaux. Puis elle écrivit un petit mot à sa mère :

Je suis avec Django, au campement, en face de la maison. Je reviens à cinq heures. Surtout ne t'inquiète pas. Je t'embrasse aussi.

Puis elle referma la porte et repartit en courant.

« Monsieur le directeur, un appel pour vous de la part de Monsieur Rockfalter », annonça la standardiste de l'abattoir.

Le directeur s'empara aussitôt du combiné.

« Monsieur Rockfalter ?... Oui, c'est lui-même... Comment ?... Non, on ne l'a pas retrouvé, pas encore. J'ai prévenu la police qui va envoyer une patrouille. Nous nous mettons nous-mêmes à sa recherche... Oui, c'est très ennuyeux, j'en suis conscient. Mais c'est une affaire d'heure, soyez-en persuadé... Comment ?... Bien, Monsieur Rockfalter. »

Pendant la conversation, le directeur était passé par toutes les couleurs. Quand il raccrocha, il était blême.

« Quelle calamité, il m'a presque raccroché au nez ! s'exclama-t-il. C'est à croire que je suis responsable. Et qui est le propriétaire ? Monsieur Rockfalter. Et qui est Rockfalter ? L'homme le plus influent de la ville. Et sur qui tout ça va retomber ? Sur moi ! Et comble de tout, je n'ai pas d'assurance ! Me voilà dans de beaux draps. Il faut à tout prix retrouver ce maudit cheval. »

Il se précipita dans la cage d'escalier et hurla : « Alex ! A-lex ! Où s'est-il caché celui-là ? Toujours à courir dans la rue quand il n'a pas classe. Je ne pourrai jamais rien en tirer ! Alex ! Montre-toi, fainéant ! »

4

22, v'là les flics !

Entre-temps, Célia et Django s'étaient mis à l'ouvrage, aidés de Manolo qui maintenait le cheval. Les autres surveillaient les abords du camp. Célia peignait le dos du cheval, perchée sur une caisse de bois. Django était juché sur un seau en métal.

Le cheval était nerveux : il s'agitait et essayait de se dégager.

« Du calme, kourdo, du calme… C'est presque fini », l'exhortait Manolo, pendant que les deux enfants achevaient leur travail de camouflage.

Le kourdo était à présent un beau cheval gris blanc.

« Ouah ! On n'y voit que du feu ! s'écria Célia. Personne ne le reconnaîtra, j'en suis sûre ! Django, je te l'avais dit qu'on y arriverait ! » Django n'eut pas le temps de répondre. Un cri strident retentit à leurs oreilles : « *Shanglo ! Shanglo !* »

– La police ! traduisit Django entre ses dents.

– La peinture, vite, dans la buanderie ! commanda Bimbo. Partez, maintenant ! Il ne faut personne autour du kourdo ! »

Django courut vers la buanderie. Célia cacha les pinceaux dans la caisse et fila comme une flèche derrière lui. Leur précipitation avait agité le cheval.

« Reste calme, mon beau kourdo, reste calme, murmura Bimbo en caressant le cheval derrière les oreilles. Personne ne devinera que c'est toi. Aie confiance. »

Bimbo regarda ses doigts : la peinture n'était pas encore complètement sèche. Il haussa les épaules et se dirigea calmement vers l'entrée du camp.

Une dizaine d'enfants et trois ou quatre adultes entouraient déjà la voiture de police. Un des agents en sortait.

« Alors, Monsieur l'agent, en patrouille ? s'enquit nonchalamment Bimbo en s'approchant du groupe. Que nous vaut l'honneur de votre visite ?

– Un gadjo aurait-il perdu quelque chose ? » gloussa Lenka moqueuse.

L'agent sourit et tapota sa casquette.

« On cherche un cheval, dit-il, en parcourant le camp du regard.

– Un cheval ? s'étonna Bimbo. Quel genre de cheval ?

– Un cheval noir qui s'est échappé de l'abattoir ce matin. Un habitant du quartier nous a téléphoné pour nous signaler qu'il avait vu un cheval près d'ici. »

Il montra le pré du doigt et ajouta : « Je vois que vous avez des chevaux.

– Nous avons un cheval, mais il est gris, répondit Bimbo. Les Gitans ont toujours eu des chevaux.

– Le témoin prétend que c'est vous qui avez le cheval, soupira l'agent. Et comme il faut qu'on examine tous les tuyaux… »

Lenka haussa les épaules :

« C'est toujours chez nous qu'on vient en premier. À croire qu'on vole tout ce qu'on touche ! On serait millionnaires si c'était vrai, et moi j'aurais une roulotte en or ! » Les Gitans se mirent à rire.

« De nos jours, c'est à peine si on trouve encore un poulet égaré, ricana Bimbo entre ses dents.

– Désolé, s'excusa l'agent, c'est la routine. De toute manière, on cherche un cheval noir, il ne peut pas s'agir du vôtre. On va aller voir plus loin. Mais prévenez-nous si vous l'apercevez dans les parages.

– Vous pouvez compter sur nous, assura Bimbo jovial.

– Bonne journée M'sieurs-dames ! Désolé pour le dérangement. »

L'agent regagna sa voiture et la patrouille continua sa route.

Blottie dans la buanderie, Célia avait suivi toute la conversation. Quand elle entendit la voiture s'éloigner, elle sortit de sa cachette, suivie de Django. Lenka gloussait. Bimbo avait peine à retenir son fou rire :

« De nos jours, c'est à peine si on trouve encore un poulet égaré, m'sieur l'agent, répéta-t-il en secouant son chapeau.

– Il faut fêter ça, s'écria Dina, les yeux brillants. Une fête en l'honneur du kourdo !

– Et de Célia ! » ajouta Manolo en tapant amicalement sur l'épaule de la fillette.

Celle-ci sursauta :

« Mon Dieu, il est déjà cinq heures ! J'avais complètement oublié, il faut que je rentre.

J'aimerais bien revenir, mais je dois demander la permission à mes parents.

– Django-le-héros va se faire un plaisir de te raccompagner, proposa Lenka, moqueuse. »

Il faisait nuit quand Célia vint retrouver ses amis. Ils étaient tous assis autour d'un feu de bois. Bimbo chantait en romani, le regard perdu dans les flammes. Certains l'accompagnaient en fredonnant la mélodie, mais la plupart l'écoutaient en silence.

Quand Bimbo se tut, il semblait épuisé, comme s'il avait vécu tout ce qu'il chantait. Plus personne ne parlait. Toute l'assistance se recueillait pour mieux se pénétrer des paroles de la chanson qui racontait un épisode mémorable de l'histoire des tziganes.

On n'entendait plus que le crépitement des flammes. Puis Manolo prit son accordéon et, à son tour, il se mit à chanter. Tout le monde riait maintenant.

« Il chante une chanson sur un kourdo noir, expliqua Django. Il raconte comment ce kourdo s'est enfui devant les hommes aux grands couteaux, et comment une fée l'a transformé en kourdo gris... Et maintenant, il parle de lui ! s'exclama Django, en entendant la suite de la chanson. Il raconte comment il a courageusement maîtrisé le kourdo noir. »

Manolo se tourna vers Célia. Il souriait et lui fit un clin d'œil.

« Il raconte aussi qu'il t'a sauvée du cheval aux yeux de braise ! » traduisit Django.

Célia éclata de rire.

« Menteur ! C'est Django qui m'a sauvée ! », protesta-t-elle en rougissant

Django riait de bon cœur. L'ambiance s'était tout à coup détendue. Les spectateurs encourageaient

Manolo : ils frappaient dans leurs mains, sifflaient et chantaient. Certains se mirent même à danser. Lenka entraîna Célia.

« Django, je dois rentrer, il est presque onze heures ! souffla Célia après quelques danses échevelées.

– Je te raccompagne à la maison.

– Tu sais, dit brusquement Célia, tandis qu'ils arrivaient devant chez elle, il faudrait qu'on en sache plus sur le cheval, savoir qui est le propriétaire : on pourrait peut-être le convaincre. Il faut tout faire pour sauver ce cheval.

– On verra ça demain, répliqua Django. Pour ce soir, il n'y a aucun risque. Personne n'aurait l'idée de le chercher en pleine nuit.

– D'autant plus qu'il est noir ! s'esclaffa Célia.

– Noir ? Qu'est-ce que tu dis ? Il est gris ! » protesta Django.

Célia lui fit une grimace et disparut derrière la porte.

De la fenêtre de sa chambre, Célia pouvait apercevoir le feu du camp. Elle essaya de repérer le cheval et devina une silhouette grise qui broutait paisiblement dans le pré.

« Bonsoir, kourdo, murmura-t-elle. Pour le moment, tu es en sécurité chez les Gitans. Mais jusqu'à quand ? »

Elle grimpa dans son lit avec la ferme intention de s'endormir.

Je trouverai une solution demain, songea-t-elle. Avec Django…

Mais le sommeil fut long à venir, très long. Une multitude de questions tournaient dans sa tête :

On pourrait peut-être l'acheter ? pensait-elle. Mais qui était le propriétaire ? Accepterait-il de le vendre ? Comment faire pour obtenir tous ces renseignements ? Aller à l'abattoir ? Mais sous quel prétexte ?

Célia se tournait et se retournait dans son lit. Ce ne fut qu'après avoir trouvé réponse à la dernière question qu'elle s'endormit, un grand sourire aux lèvres : elle avait un plan.

5
La ruse

Célia fut réveillée très tôt par le bruit d'un moteur : une voiture passait lentement dans la rue. Elle tendit l'oreille : à cette heure-ci, c'était inhabituel. La police ! songea-t-elle aussitôt en se précipitant à la fenêtre. Elle poussa un soupir de soulagement : c'était la camionnette du boulanger du coin de la rue. Ouf !

La brume matinale ne s'était pas encore levée. De petits nuages ouatés s'attardaient au-dessus des champs. Seules, les hautes cimes du Bois noir émergeaient

Le camp semblait encore endormi. À quelle heure la fête s'était-elle terminée ? Peut-être Django dormait-il encore.

Célia s'habilla et rejoignit sa mère.

« Je n'ai pas classe aujourd'hui, lui dit-elle, c'est le jour du maire. »

Célia termina son petit déjeuner et quitta la table. Je vais passer au campement, songea-t-elle en enfilant son manteau. Elle embrassa sa mère et sortit.

Célia s'apprêtait à traverser la rue quand elle vit Django qui courait vers elle.

« Célia, cria-t-il, il faut que je te parle !

– Moi aussi, répondit-elle.

– Il faut qu'on fasse quelque chose, haleta Django, essoufflé. L'idée de la peinture, c'était bien, mais ça ne peut pas durer.

– Je sais, dit Célia, calmement. Il faudrait qu'on découvre à qui appartient le cheval. Et pour ça, on doit aller à l'abattoir.

– J'y pensais aussi, confirma Django. Mais on doit faire attention : ils pourraient avoir des soupçons. Comment faire ?

– Il va falloir ruser, répondit Célia. C'est ce que je voulais te dire. Écoute : on n'a qu'à dire qu'on vient pour le journal de l'école. Comme ça, on écarte tout soupçon.

– Comme si on était des journalistes ?

– C'est ça, approuva Célia. Nous sommes venus vous poser des questions pour la rubrique *La ville et nous* », débita-t-elle en prenant la voix d'un journaliste de la télévision.

Django éclata de rire.

« Voilà : nous voudrions savoir comment s'est échappé le cheval, d'où il venait, à qui il appartient, pourquoi on voulait l'abattre, etc. etc., continua Célia.

– Génial ! reconnut Django. Allons-y tout de suite.

Les deux amis se mirent aussitôt en route.

Autour de l'abattoir, l'air était irrespirable.

« Ça sent la mort ! murmura Célia.

– Tu parles ! Des milliers de bêtes ont été massacrées ici, ajouta Django. Mon père dirait que ça sent la peur de la mort. »

Célia avait envie de vomir.

« Plus jamais je ne mangerai de viande », jura-t-elle.

Django sortit un mouchoir de sa poche et le tint devant son nez.

« C'est horrible ! » fit-il d'une voix nasillarde.

Ils arrivèrent devant une porte sur laquelle figurait l'inscription *Bureau.* Elle était ouverte et donnait directement sur un escalier.

« Tu crois que c'est là ? » souffla Célia, soudain intimidée.

Django ne répondit pas et s'engagea dans l'escalier. Celui-ci menait à un couloir sur lequel ouvraient de part et d'autre des portes vitrées.

Django et Célia avançaient à pas de loup, mal à l'aise, quand soudain une voix retentit près d'eux.

« Espèce de fainéant ! C'est fini de courir les rues, c'est moi qui te le dis ! Tu as bien compris, Alex ? »

C'était une voix d'homme qui tonitruait :

« Il est temps que tu deviennes utile à quelque chose ! Va dans ta chambre ! Et que ça saute ! » Puis ils entendirent une autre voix répondre sur un ton légèrement insolent :

« Oui papa ! »

Célia et Django frémirent. La porte allait certainement s'ouvrir, et il était trop tard pour revenir sur leurs pas.

« Qu'est-ce qu'on fait, Django ? murmura Célia.

– On attend. »

Une tête rousse surgit dans le couloir. C'était celle d'un jeune garçon. Ils ne pouvaient guère distinguer ses traits car il se cachait le visage dans les mains.

C'est sûrement Alex, mais c'est drôle, on dirait qu'il rigole, pensa Célia en un éclair, tandis que le garçon arrivait à leur hauteur.

Quand ils se croisèrent, Célia entrevit son regard : ses yeux étaient d'un bleu incroyablement clair. Il portait une petite moustache naissante. Célia remarqua aussi ses bottes, pointues et renforcées de métal. Quand il fut derrière eux, Célia se fit la réflexion que le visage du garçon s'était extrêmement durci quand il les avait vus. Puis il disparut derrière une porte.

« Qu'est-ce qu'on fait ? répéta Célia.

– On entre, répliqua Django en frappant à la porte du bureau.

– Entrez ! » gronda la voix.

L'homme était petit et maigre. Il n'a rien de commun avec Alex, pensa aussitôt Célia.

Quand elle lui eut brièvement expliqué la raison de leur visite, le visage de l'homme perdit l'expression courroucée avec laquelle il les avait accueillis.

« Vous avez frappé à la bonne porte : Jean Legras, directeur de cet établissement. Asseyez-vous » proposa-t-il en désignant deux chaises.

Django et Célia s'assirent. Leurs membres tremblaient légèrement.

« Donc, vous voulez écrire un article pour votre journal sur le cheval qui s'est échappé, reprit le directeur. Et qu'est-ce que c'est que ce journal ?

– C'est un journal écrit par les élèves... bredouilla Célia.

–... qui traite des sujets en rapport avec la ville et son organisation, enchaîna Django. Nous y participons dans le cadre de l'éducation civique. »

Célia regarda Django, sidérée par son aplomb.

« Hum, je comprends, fit le directeur. Mais que voulez-vous traiter exactement dans votre article ? Parlera-t-il uniquement du cheval ou de la fonction d'un abattoir ? Ce sont deux sujets bien différents. Le premier risquerait d'être une contre-publicité pour nous, comprenez-vous ?

– Bien sûr ! approuva Django. Mais ce n'est pas notre but : le cheval serait un prétexte pour parler de vous et de votre abattoir », précisa Django.

Le directeur réfléchissait.

« Ça pourra peut-être vous aider à retrouver le cheval, suggéra Célia crispée.

– Après tout, ce n'est peut-être pas une mauvaise idée, admit le directeur en se carrant dans son fauteuil. Et bien que voulez-vous savoir ? »

Puis, sans même attendre leur réponse, il se mit à raconter, visiblement content de parler de lui :

« Je suis parti de rien, commença-t-il. Toute la journée, je travaillais comme apprenti à l'abattoir et, le soir, j'allais à l'école. C'est dur, vous savez, pour un gamin. J'ai appris toute la législation des abattoirs, les règles d'hygiène, les techniques d'abattage... Tout ça me connaît. Autrement, comment serais-je devenu directeur, n'est-ce pas ?... Tiens, vous ne prenez pas de notes ? » demanda-t-il subitement.

Il y eut un moment de silence, puis Django, embarrassé, hasarda une explication :

« Voyez-vous, chacun a ses qualités. Si on nous a choisis pour les interviews, c'est parce que nous avons une excellente mémoire.

– C'est vous qui achetez la viande ? enchaîna vite Célia. Comment cela fonctionne-t-il ? »

Cette fois, ce fut Django qui regarda Célia, surpris de sa présence d'esprit. Le directeur hocha la tête :

« Je n'achète rien, ce serait trop risqué. J'abats sur commande. Les commerçants me fournissent la viande, je la découpe en morceaux et je la leur rends avec un petit papier.

– Un petit papier ? demanda Célia.

– L'addition, si vous préférez, expliqua le directeur avec jubilation. Mais nous contrôlons la viande en permanence. Je suis très sévère, vous comprenez : il y va de la santé publique.

– Qu'en est-il du cheval qui s'est échappé ? demanda Django qui avait repris ses esprits.

– Il s'agit là d'un cas particulier, répondit le directeur en se renfrognant. L'animal est dangereux, mais sa chair est saine. Le propriétaire ne veut rien récupérer. Il veut simplement s'en débarrasser. Vous comprenez, une bête dangereuse ! Il n'y a pas moyen de faire autrement.

– Et qui est le propriétaire ? demanda Célia, la voix tremblante.

– Monsieur Rockfalter en personne ! avoua le directeur. Mais je pense qu'il ne serait pas judicieux de mentionner son nom. Mon client n'apprécierait sûrement pas. C'est une affaire délicate. Et de plus, ce serait le mettre en cause, lui, le meilleur avocat de la ville. »

Célia et Django connaissaient enfin le nom du propriétaire du cheval.

« Que peut-on tirer d'un cheval de selle comme celui-là ? » questionna encore Célia, un grand sourire aux lèvres.

Hélas ! C'était la question à ne pas poser. Le directeur tiqua et regarda Célia avec attention :

« Qu'entendez-vous par cheval de selle, mademoiselle ? » demanda-t-il lentement.

Célia était toute rouge.

« Il s'agit bien d'un cheval de selle, n'est-ce pas ? bredouilla-t-elle péniblement. En tout cas, c'est ce que j'ai entendu à la télévision. »

Le directeur mit un certain temps à répondre : « Effectivement, c'est un cheval de selle, bien qu'il soit très robuste. Est-ce tout ce que vous voulez savoir, mademoiselle ?

– Ce sera tout pour aujourd'hui, intervint Django. Nous vous remercions de votre amabilité.

– N'oubliez pas de m'envoyer un exemplaire de votre journal. »

Puis, il les reconduisit et referma violemment la porte derrière eux.

« Triple idiote ! se maudissait Célia. Ça t'apprendra à réfléchir avant de parler. »

6

La filature

Dès que les enfants eurent quitté l'abattoir, Jean Legras appela son fils.

« Alex, viens ici tout de suite ! » ordonna-t-il.

Alex arriva en traînant les pieds.

« Oui papa.

– Tu vois, par la fenêtre, ces deux gamins qui s'éloignent ?

– Oui papa. »

On aurait dit qu'Alex ne connaissait que ces deux mots-là.

« Et bien, je t'ordonne de les suivre, mais tâche qu'ils ne te voient pas. Quand tu sauras où ils habitent, tu reviendras aussitôt ici... Ils ne m'inspirent pas confiance, ces deux-là, maugréa-t-il pour lui-même. Il ne faut pas me prendre pour un idiot. C'est moi qui ai prévenu la télévision, et je n'ai jamais parlé d'un cheval de selle !...

Pourquoi restes-tu planté là, reprit-il en haussant le ton.

– De quel cheval parles-tu papa ? » demanda Alex en écarquillant les yeux.

Jean Legras explosa.

« Du cheval qui s'est échappé, bougre d'imbécile ! aboya-t-il.

– Ah ! De ce cheval-là !

– Oui, de ce cheval-là, Alex », tempêta le directeur exaspéré.

Alex sortit en traînant les pieds.

« Et plus vite que ça, nom d'une pipe ! tonna son père. Quel benêt ! Qu'ai-je donc fait pour avoir un fils pareil ?…. Dire que j'aurais tellement voulu qu'il me succède ! Mais ce n'est pas lui qui deviendra un jour directeur ! » bougonna-t-il en regardant par la fenêtre.

Il fut satisfait de voir une tête rousse zigzaguer d'un trottoir à l'autre.

« Il n'y a plus qu'à attendre ! », soupira-t-il en se laissant choir dans son fauteuil. Puis il reprit ses dossiers et se plongea dans les comptes.

Alex jeta un coup d'œil furtif vers la fenêtre du bureau de son père : il savait pertinemment que ce dernier l'espionnait, mais il voulait s'en assurer. Son père ne lui faisait jamais confiance. Alex le détestait.

« Si tu savais, papa… Je ne cours pas les rues comme tu crois. Moi aussi, je cherche ce cheval,

mais pour d'autres raisons que toi ! maugréa-t-il en voyant la silhouette de son père derrière le rideau. Tant que je ferai l'idiot, il ne m'arrivera rien, songea le jeune garçon en apercevant Célia et Django qui tournaient le coin de la rue. Oui papa !

Non papa ! C'est tout ce que ce benêt ou ce fainéant sait dire, mais jamais il ne deviendra directeur de l'abattoir, ça, je te le jure ! » lança-t-il en direction de la fenêtre. Puis il se mit à courir pour ne pas perdre de vue les enfants.

Alex nourrissait des projets secrets. Il espérait quitter la maison paternelle au plus vite pour aller étudier à Paris. Alex voulait devenir vétérinaire. Contrairement à son père, il adorait les animaux. Peut-être était-ce une forme de réaction. En tout cas, son père n'en savait rien et prenait son fils pour un idiot et un incapable.

En jouant à l'idiot, Alex échappait à l'autorité de son père, et c'est ce qu'il cherchait.

Ils avaient à peine traversé la rue que Django s'immobilisa devant une boutique de vêtements. Célia parcourut encore quelques mètres avant de remarquer que Django s'était arrêté.

« Django, qu'est-ce que tu fais ? » appela-t-elle impatiemment.

Mais Django ne répondit pas, il regardait obstinément la devanture du magasin. Finalement, Célia se décida à le rejoindre.

« Qu'y a-t-il de si intéressant dans cette vitrine ? lui demanda-t-elle.

– Surtout, ne te retourne pas ! chuchota Django sans la regarder. Tu sais, le garçon de l'abattoir...

– Alex ? souffla Célia surprise.

– Il nous suit, il est de l'autre côté », confirma Django.

Célia fit mine de se retourner.

« Non ! l'arrêta Django. Regarde dans la vitrine ! Il est derrière la colonne, près de la boucherie.

– Ah ! Oui, je vois sa tête rousse qui dépasse, chuchota Célia. Qu'est-ce qu'on fait Django ? J'en étais sûre que le directeur nous soupçonnerait après ma gaffe, se lamenta-t-elle.

– On va se séparer, murmura Django. Je ne vois pas d'autre solution. Comme ça, il devra choisir. Tu connais le chemin ?

– Qu'est-ce que tu crois ? riposta Célia piquée au vif. Je ne suis plus une petite fille !

– Je ne disais pas ça pour te vexer, l'apaisa Django. Toi, tu continues tout droit, et moi, je tourne à droite. Celui de nous deux qui est suivi devra semer Alex. On se retrouvera plus tard au camp. Compris ?

– A vos ordres, chef ! gloussa Célia, je crois que j'y arriverai. Cet Alex m'a tout l'air d'être l'idiot du village. »

Là-dessus, ils se séparèrent.

Célia prit un itinéraire assez fantaisiste, comme convenu. Elle avait l'impression d'être dans un film. Parfois, elle jetait discrètement un regard derrière elle, mais le rouquin restait invisible.

Tout en marchant, elle échafaudait toutes sortes d'hypothèses : Alex aurait-il choisi de suivre Django ? Et Django parviendrait-il à le semer ? Que cherchait-il ? Qui l'avait envoyé ? Son père ?

Peut-être Alex voulait-il se rattraper, faire bonne impression ? Ou bien agissait-il seul ?

« C'est pas très joli, tout ça », murmura Célia pour elle-même, alors qu'elle arrivait au coin de l'avenue de l'Europe.

Elle regarda à nouveau derrière elle avant de tourner à droite dans la rue : toujours personne en vue.

« Il aura certainement suivi Django, se dit Célia en marchant à grandes enjambées le long du trottoir, du côté opposé au terrain vague. Ah ! Ah ! On l'a bien eu ! »

Hélas, Célia ne s'était pas assez méfiée. Alex était bien derrière elle, à une cinquantaine de mètres, caché derrière une poubelle.

« Un camp de romanichels ! murmura-t-il en regardant Célia traverser la rue. J'aurais dû m'en douter : les romanichels adorent les chevaux. »

7
Un temps de chien

Django et Célia racontaient leur expédition. Tout le camp éclata de rire quand Django évoqua l'image d'Alex caché derrière la colonne.

« Vous auriez dû le voir trembler comme une feuille derrière sa colonne. On ne voyait que lui et sa tignasse rousse. Comme une église au milieu du village ! cabotinait Django.

– En tout cas, il faut essayer de parler au propriétaire dès demain, ajouta Célia. Maintenant qu'on a son nom, ce sera facile de le retrouver. »

Manolo acquiesça. Bimbo faisait la moue : quelques gouttes commençaient à s'écraser sur le sol.

« Je crains le pire, dit-il en observant le ciel où s'amoncelaient de gros nuages noirs. Il va bientôt pleuvoir des cordes.

– Il faut rentrer le linge, Django ! » lança Dina.

Célia sursauta :

« Il faut que je rentre ! Il est déjà quatre heures ! s'écria-t-elle en se mettant à courir. A demain ! »

Effectivement, le temps se gâtait. Alex, dissimulé dans un renfoncement, cherchait un moyen de s'approcher du camp sans être vu.

C'est à ce moment que deux petits vieux apparurent au coin de la rue. Ils marchaient à petits pas sous un grand parapluie noir. Alex les voyait se rapprocher avec plaisir.

« Chic ! Voilà mon problème résolu ! se dit-il avec un sourire de satisfaction. Ils vont certainement longer le camp. »

Quand ils arrivèrent à sa hauteur, Alex sortit de sa cachette et se joignit à eux.

« Quel temps de chien ! commenta-t-il avec un grand sourire. Est-ce que je peux marcher un moment avec vous pour éviter d'être trempé ?

– Bien sûr, jeune homme, mais c'est que nous ne marchons pas vite, répondit la vieille dame en redressant la tête. Et avec un parapluie…

– Ce n'est pas grave, je peux le tenir, si vous voulez, proposa Alex en s'emparant du manche. »

Ils passèrent lentement devant le camp. Alex prenait soin de tenir le parapluie le plus bas possible pour éviter qu'on repère sa tignasse rousse. Il eut tout le temps nécessaire pour apprendre ce qu'il cherchait à savoir. Quand ils eurent dépassé le camp d'une bonne centaine de mètres, Alex s'arrêta et leur rendit le parapluie.

« Pour moi, la promenade est terminée, j'habite juste en face. Merci pour le dépannage ! » claironna-t-il.

Il les quitta, traversa la rue, et les regarda s'éloigner.

« Les romanichels ont donc un cheval, mais il est gris. Pourtant, il y a quelque chose qui cloche, songeait Alex. Pourquoi les deux enfants étaient-ils venus à l'abattoir ? Que cherchaient-ils à apprendre au sujet du cheval ? Voulaient-ils eux aussi mettre la main dessus ? S'ils le cherchaient, ce n'était certainement pas pour le ramener à l'abattoir, ils ne s'y seraient pas pris de cette manière. »

Alex ne savait que penser, mais il préférait à tout prendre que ce soient les Gitans qui retrouvent le cheval plutôt que la police. Avec eux, il avait plus de chance de s'en sortir.

« Donc, ils ont un cheval gris. C'est bien ça, Alex ? interrogea le directeur assis derrière son bureau.

Alex hocha la tête :

« Oui papa.

– C'est tout ce que tu as découvert ? Tu en es bien certain ? insista son père.

– Oui papa.

– C'est pas des nouvelles, ça, Alex, articula lentement le directeur. Puis, il explosa : ça, triple idiot, ça fait des heures que je le sais ! La police est venue me l'annoncer ce matin ! »

Alex haussa les épaules en signe d'impuissance.

« Ils ont aussi des voitures, ajouta-t-il d'un ton indifférent.

– Des voitures ! Ils ont des voitures ! répéta son père en l'imitant. Alex ! tonna-t-il, ce n'est pas de voitures qu'il s'agit, mais d'un cheval ! Je veux retrouver ce cheval, tu m'entends, et vite ! La police pense que cette fichue carne a dû se cacher dans les bois. Ils parlent du Bois noir. Prends ton vélo et vas-y ! »

Alex regarda par la fenêtre et protesta :

« Il pleut fort, papa, j'aimerais mieux attendre un peu !

– Ce n'est pas un petit crachin de rien du tout qui va me faire perdre du temps ! gronda le directeur. Je t'ordonne d'y aller sur le champ ! Chaque minute compte ! Cette bête est dangereuse ! A tout instant, quelqu'un risque de se faire mordre. Et en cas d'accident, qui sera responsable, à ton avis ? »

Le visage d'Alex était dénué de toute expression.

« Moi, évidemment ! Ils me prendront à la gorge ! hurla son père en portant les deux mains à son cou. Et alors là, fini ! Plus d'abattoir, plus de Legras ! C'en sera fini de nous, gémit-il en se laissant tomber dans son fauteuil. »

Alex dévisageait son père en silence.

« Des Gitans ? poursuivait celui-ci comme pour lui-même. Qu'est-ce que mon grand-père me disait toujours à propos des Gitans ?...Ah, oui ! Qu'ils iraient jusqu'à teindre un âne pour le vendre comme cheval. Et tout ça pour quelques sous de plus ! Voilà les Gitans ! Belle mentalité ! »

À ces mots, Alex sursauta. Il regarda son père, étonné. Celui-ci continuait à se lamenter.

« Maudits Gitans, on ne peut pas leur faire confiance. Ce n'est certainement pas eux qui me ramèneront ma bête. »

Puis il releva la tête et demanda d'une voix lasse :

« Aide-moi, Alex, je te prie. Va donc voir dans ce bois ! »

Alex baissa les yeux et se dirigea vers la porte en traînant les pieds.

« Oui, papa. »

Le directeur soupira en le suivant des yeux :

« Il faut le voir courir, celui-là. Je ne suis pas aidé : un véritable escargot ! Si au moins, il faisait preuve d'initiative ! Mais non, même pas, il est trop naïf, trop sensible et trop bête... »

Jean Legras ne pouvait pas voir le sourire qui flottait sur le visage de son fils quand celui-ci sortit. Sans même s'en apercevoir, il venait de lui souffler la solution.

« Jusqu'à teindre un âne pour… répéta Alex qui jubilait. Merci pour le tuyau papa ! »

Il gagna sa chambre pour prendre ses bottes et son vêtement de pluie.

« Le plus idiot des deux n'est pas celui qu'on croit, hein, papa ! chuchota Alex en enfilant ses bottes. Tu découvres le pot aux roses et tu ne t'en rends même pas compte. Quelle idée toute simple après tout : le badigeonner de peinture et le laisser dans une clairière aux yeux de tout le monde… Ils sont malins ces Gitans, murmura-t-il admiratif. Je n'y aurais même pas pensé. »

Alex sortit chercher son vélo et se mit en route sous la pluie battante. Il roulait le plus vite qu'il pouvait, car il craignait le pire : si la pluie persistait de la sorte, la peinture risquait de couler. Le cheval ne serait donc plus en sécurité.

Jean Legras frappa violemment la table de son poing : « Nom d'une pipe ! rugit-il furieux contre lui-même. Comment n'y ai-je pas pensé plus tôt !

Teindre un âne pour… Âne toi-même ! » Il se leva, enfila son imperméable, dévala les escaliers et courut au garage chercher sa voiture.

« Quel temps de chien ! grommela-t-il. Et moi qui ai envoyé Alex en vélo… Ça lui forgera le caractère, mais quand même ! »

Au coin de l'avenue de l'Europe, Jean Legras ralentit l'allure : il arrivait près du campement.

« Quatre voitures, une roulotte, trois caravanes… compta-t-il tout haut. Quelle horreur ! Et dire qu'ils vivent là-dedans… Mais je ne vois pas de cheval… À moins qu'ils ne l'aient caché… Bon, allons-y ! »

Jean Legras gara sa voiture sur le trottoir, non loin de l'entrée du campement.

« Heureusement, le temps s'éclaircit », marmonna-t-il, en regardant le ciel au travers de la vitre. Puis il ouvrit la portière et sortit péniblement de la voiture.

8

Des traces sur le sol

D'abord, Célia avait été contente d'être chez elle à l'abri. Mais elle sentait sa nervosité grandir au fur et à mesure que la pluie tombait de plus en plus fort.

Elle aussi craignait le pire. Dans son imagination, elle voyait la peinture couler le long des pattes, découvrant la vraie couleur de la robe du cheval.

Et si la police passait par là, ce serait la catastrophe.

Célia arpentait sa chambre, cherchant désespérément une solution.

« Il faut aller voir le propriétaire ! L'annuaire, vite ! » s'écria-t-elle en se précipitant vers le téléphone.

Célia n'eut aucune peine à trouver l'adresse de Rockfalter. Elle regarda le plan de la ville pour repérer le chemin le plus court et se précipita dans la rue.

Quand elle arriva près du campement, elle vit tout de suite que quelque chose ne tournait pas rond. Tous les Gitans étaient attroupés sur le trottoir. Bimbo parlait à un homme en faisant de grands gestes.

Célia reconnut aussitôt l'homme :

« Jean Legras ! » murmura-t-elle avec effroi.

Django l'avait rejointe.

« Il est là pour le kourdo, souffla-t-il. Célia…

– Comment a-t-il su ? l'interrompit-elle.

– Je ne sais pas… Écoute, le kourdo a disparu ! continua Django.

– Quoi ? gémit Célia épouvantée. Qu'est-ce que tu dis ?

– Tiens, tiens, tiens… Voilà la jeune journaliste ! s'exclama le directeur dès qu'il aperçut Célia. Alors qu'est-ce qu'on raconte depuis ce matin ?

– Je ne vois pas de quoi vous parlez, répondit sèchement Célia. Je ne sais rien.

– Ah bon ? Mademoiselle ne sait rien ? Dans ce cas, je me vois obligé d'aller tout raconter à la police.

– Nous l'avons déjà dit, nous ne savons rien, intervint calmement Bimbo. Vous perdez votre temps…

– Hum, vous ne savez rien bien sûr ! maugréa

Jean Legras avec mépris. Mais ça me ferait plaisir de voir votre cheval. Il est gris, paraît-il ?

– Ça, c'est notre affaire, riposta tranquillement Bimbo. Vous, c'est un cheval noir que vous cherchez, n'est-ce pas ? »

Les Gitans se mirent à rire. Bimbo avait renversé la situation.

Jean Legras était devenu tout rouge.

« Vous ne l'emporterez pas au paradis, cria-t-il en reculant. C'est Legras qui vous le dit ! »

Cette fois-ci, tout le monde éclata de rire.

« Je vais prévenir la police ! proféra le directeur fou de rage. Je sais bien que c'est vous qui le gardez. Brigands ! Je vous ferai chasser de la ville ! »

Sur ce, il s'engouffra dans sa voiture et démarra en trombe.

« Il va le faire, soupira Manolo en voyant la voiture disparaître. Il est dans son droit. En plus, il se doute que nous avons camouflé le cheval.

– C'était une bonne idée, rétorqua Lenka. Mais on n'a pas eu de chance avec cette pluie…

– De toute manière, nous revoilà au point de départ, coupa Manolo. Le kourdo a disparu.

– Où est-il ? demanda Célia qui ne comprenait rien à la situation.

– On l'avait caché dans l'étable, à l'abri de la pluie, sous une couverture, expliqua Django en faisant la moue. Il ne reste plus que la couverture…

– Le kourdo est malin, il aura senti le danger », suggéra Bimbo songeur.

Manolo secoua la tête :

« C'est impossible, Bimbo, le kourdo peut être aussi malin qu'il veut, il n'a pas de mains. Ce n'est pas lui qui a pu détacher la corde.

– Alors, à ton avis, que s'est-il passé ? demanda Bimbo.

– Quelqu'un a dû le voler, soupira Manolo.

– Le voler ? De toute manière, c'est mieux ainsi », conclut Bimbo avec philosophie.

Les autres le regardèrent, surpris.

« Sinon, il serait déjà à l'abattoir avec ce gadjo de malheur », ajouta-t-il. Bimbo avait raison.

Célia regarda autour d'elle. Où était passé Django ?

Celui-ci était accroupi près de l'étable. Il scrutait le sol.

« Qu'est-ce que tu fais ? l'apostropha Célia. Je t'ai cherché partout.

– Sherlock Holmes, ça te dit quelque chose, répliqua Django. Regarde, il y a des traces sur le sol... Il me semble qu'elles partent vers les buissons.

– Des traces ? » répéta Célia.

Django avança encore de quelques pas et s'écria :

« Tu vois ce que je vois là ?

– Non... Explique-moi.

– Ce sont des empreintes. Regarde, il y a des traces de sabots et des empreintes de pas. »

Célia regarda attentivement, puis releva la tête :

« Les bottes d'Alex ! se lamenta-t-elle. Je reconnais les longues pointes !

– C'est bien ce que je pensais, murmura Django. Et lui qui se fait passer pour un idiot... En plus, les traces sont fraîches, sinon elles auraient disparu sous la pluie. Il a dû détacher le cheval pendant que nous parlions avec son père. Quelle audace !

– On dirait que tu l'admires ! s'indigna Célia. Django, secoue-toi ! Alex est en train de ramener le cheval à son père pour prouver qu'il n'est pas aussi idiot qu'il en a l'air. Maintenant, il n'y a plus que le propriétaire qui peut le sauver.

– On ferait peut-être mieux de suivre les traces d'Alex, riposta Django têtu.

– Et ensuite ? Qu'est-ce qu'on fait ? s'exclama Célia. On dit qu'il est à nous et on le reprend, c'est ça ? Tu sais bien que ça ne marchera pas. De plus, il a trop d'avance sur nous, on ne le rattrapera pas. Viens, Django, nous allons trouver le propriétaire. Je connais son adresse. »

Manolo proposa de les emmener en voiture.

« Je serai peut-être utile, avait-il dit en souriant. Et puis, on gagnera du temps. »

Célia s'assit à côté de lui et le guida à travers les rues de la ville. À l'arrière, Django se lamentait :

« Pourvu qu'on n'arrive pas trop tard ! »

Rockfalter habitait l'un des quartiers les plus chics, à l'autre bout de la ville, et on était en pleine heure de pointe.

« Tais-toi ! s'impatienta Célia. Arrête de geindre à la fin !

– On aurait mieux fait de suivre les empreintes comme je l'avais dit, répliqua Django piqué au vif. »

La tension entre les deux enfants était à son comble. Pourtant, ils étaient tous les deux tendus vers le même but : sauver coûte que coûte le kourdo de l'abattoir.

« J'aurais dû mettre mon beau costume, plaisanta Manolo pour détendre l'atmosphère ! » Mais ni l'un, ni l'autre ne répondit.

9

Le persécuteur

Le gravier de l'allée crissa sous les pneus de la voiture de Manolo.

L'allée traversait une gigantesque pelouse au fond de laquelle se dressait une grande bâtisse blanche qui devait dater du dix-huitième siècle.

« Ouh là là ! grimaça Célia, intimidée. Vous croyez que c'est là ? »

Manolo se gara sur le côté droit de la maison. Puis il ouvrit sa portière. Les deux enfants ne bougeaient pas.

« Allons, du courage ! les houspilla-t-il. C'est vous qui avez voulu venir, alors, il faut aller jusqu'au bout. Pensez au kourdo ! »

Les deux enfants sortirent lentement de la voiture, un peu pâles. « En tout cas, c'est bien ici », constata Django en montrant une plaque de cuivre sur laquelle était gravé le nom de l'avocat.

Ils montèrent en silence les marches du perron. Quand ils furent devant la porte, Célia appuya énergiquement sur la sonnette, comme pour se donner du courage.

Une femme en robe noire stricte et tablier blanc vint ouvrir. Elle leur fit traverser une multitude de pièces et de couloirs avant de les introduire dans un petit salon.

« Ouah ! La classe ! » siffla Django dès que la femme de chambre eut disparu.

Ils n'eurent pas le temps d'en dire davantage. Un homme d'aspect sévère poussa une deuxième porte et entra dans le salon. Il se présenta aussitôt :

« Charles Rockfalter. Que puis-je pour vous ? »

Dans ce décor, l'homme était encore plus impressionnant. Pourtant, ses yeux trahissaient une certaine douceur.

« Nous sommes là au sujet du kourdo... euh, du cheval, bredouilla Célia. Il faut le sauver à tout prix » ajouta-t-elle la voix tremblante. Puis elle éclata en sanglots.

Ce fut Manolo qui prit la parole. Il expliqua toute l'histoire depuis le début. Il s'exprimait le plus clairement possible, n'omettant aucun détail.

Quand il eut terminé, Rockfalter resta silencieux quelques instants avant de se décider enfin à parler :

« Je partage votre émotion, et je comprends tout à fait votre requête. D'ailleurs, croyez-le, ce n'est pas de gaieté de cœur que j'ai pris cette décision. Mais il se trouve que ce cheval a mordu sans raison mon fils. Et ne voulant pas prendre le risque que cela se reproduise, j'ai préféré m'en débarrasser.

– Mais il n'est absolument pas dangereux ! protesta Django. Vous vous trompez ! Demandez à mon père !

– Mon fils a raison, appuya Manolo. Ce cheval m'a l'air tout à fait sain. Et croyez-moi, j'en ai beaucoup côtoyé dans ma vie. »

Il y eut encore un silence. Puis, Rockfalter reprit la parole :

« Le directeur de l'abattoir m'a appelé il y a cinq minutes. En cas d'incident, c'est sa responsabilité qui est engagée. Or, le cheval n'a pas encore été retrouvé.

– Comment ça, pas encore retrouvé ? articula Célia. »

C'était impossible, Alex aurait déjà dû être chez lui depuis longtemps. Que s'était-il passé ?

L'avocat les regardait en fronçant les sourcils.

« Suivez-moi, soupira-t-il. Je vais vous montrer. Vous vous rendrez compte par vous-mêmes. »

Le petit groupe monta au premier étage et emprunta un long couloir dont les murs étaient ornés de tableaux de maîtres.

Rockfalter s'arrêta enfin devant une des nombreuses portes et frappa.

« Oui ! » fit une voix aiguë.

Rockfalter ouvrit la porte et entra.

La chambre était immense et encombrée d'objets les plus divers, depuis les modèles réduits jusqu'aux consoles vidéo, en passant par la panoplie sportive : raquettes, gants de boxe, balles de base-ball, cravache...

Un flipper ultramoderne trônait au milieu de la pièce. Une énorme télévision était allumée devant un lit à baldaquin, le tout dans le plus grand désordre. Il fallut à Célia plusieurs coups d'œil avant de distinguer une forme humaine au fond de la pièce.

« Patrick, mon fils, présenta l'avocat posément. Ces gens sont venus au sujet du cheval. Ils ne veulent pas croire qu'il est dangereux. »

Le garçon mit un certain temps à daigner s'avancer. Quand il fut près d'eux, Célia se fit la réflexion qu'il devait être du même âge que Django : les deux garçons avaient la même taille.

« Veux-tu leur montrer ta blessure ? ajouta Rockfalter. Comme ça, ils comprendront. »

Patrick prit un air contrit :

« J'y suis vraiment obligé ? demanda-t-il en soupirant. J'aimerais oublier cette histoire une fois pour toutes.

– Fais-moi plaisir, insista l'avocat. J'ai déjà perdu assez de temps avec cette affaire. »

Patrick retroussa lentement sa manche.

Aïe, aïe, aïe… pensa Célia, pourvu qu'il n'y ait pas trop de sang, sinon je vais tomber dans les pommes !

Mais elle ne vit aucune blessure et pas la moindre trace de sang. Patrick montrait une toute petite plaque rouge sur son bras. Le garçon n'était visiblement pas fier.

« Ouaouh, quelle blessure ! railla Django moqueur. Tu aurais pu en mourir ! Et c'est à cause de ça qu'on veut abattre un cheval de cette noblesse ! »

Patrick était rouge de colère :

« Un cheval de cette noblesse ! Et c'est ce va-nu-pieds qui ose me dire ça ! explosa-t-il. Je n'en crois pas mes oreilles. En plus, il pue !

– Va-nu-pieds ? Répète-moi ça ! » hurla Django furibond.

C'en était trop pour lui : il se rua sur Patrick et le gifla. Patrick recula, livide maintenant. La gifle avait retenti dans toute la pièce.

« Vermine ! Tu vas me le payer ! menaça-t-il entre ses dents en attrapant brusquement une cravache qu'il brandit au-dessus de Django. Je vais t'apprendre les bonnes manières, comme à ce crétin de cheval !

– Je sais maintenant pourquoi il t'a mordu, répliqua Django glacial.

– Et alors ! renchérit Patrick hors de lui. Je fais ce qu'il me plaît.

– Persécuteur ! cria Célia. Bourreau ! »

Patrick brandit la cravache, prêt à frapper.

« Patrick ! » intervint Rockfalter en levant la main. Il administra une gifle magistrale à son fils et lui arracha violemment la cravache des mains.

« Mais, papa ! gémit Patrick en frottant sa joue rougie.

– Tu resteras dans ta chambre jusqu'à nouvel ordre, pesta son père furieux. Je n'ai jamais assisté à une chose pareille, et je ne te laisserai pas faire ! »

Monsieur Rockfalter fit signe à Célia et aux autres de le suivre, et sortit.

« Suivez-moi je vous prie. »

Rockfalter les conduisit dans son bureau où il les invita à s'asseoir.

La pièce était décorée avec goût. Ça sent la cire ! songea Célia qui aimait cette odeur.

L'avocat s'empara du téléphone et composa un numéro.

« Ici Rockfalter, annonça-t-il. L'avez-vous retrouvé ?... Pas encore ?... Bon, écoutez-moi bien, je ne veux pas qu'il soit abattu. Est-ce bien clair ? Vous m'appelez dès que vous avez du nouveau. Merci ! »

Puis il regarda Manolo, Célia et Django d'un air las : « Monsieur, les enfants, déclara-t-il en soupirant, je vous prie de m'excuser pour ce qui

s'est passé. Je crois que j'ai trop gâté mon fils. Tant pis pour moi, c'est mon problème. Quant à vous, vous avez le vôtre : le cheval. Sachez que si vous acceptez de vous en occuper, il est à vous.

– À nous ? » s'exclamèrent-ils en chœur. Ils n'en revenaient pas.

L'avocat opina de la tête.

« À vous entendre, on devine qu'il est tombé en de bonnes mains... Ceci, à une condition... Il regardait Manolo. Je veux un accord signé d'un adulte. Ainsi, il subsistera une trace. Cela me semble plus régulier. Mais je tiens à vous préciser que je décline toute responsabilité en cas de problème.

– Bien entendu, convint Manolo, encore abasourdi par la nouvelle. Je ne sais pas comment vous remercier. »

Rockfalter ne répondit pas. Il se leva et appela sa secrétaire.

« Martine ! J'aimerais que vous me tapiez immédiatement un contrat.

La secrétaire s'installa devant l'ordinateur et attendit :

« Oui, Monsieur Rockfalter.

– Objet : Donation par contrat établi... » La secrétaire tapait au fur et à mesure.

« Je soussigné Charles Rockfalter, etc. déclare par la présente... faire don du cheval... Comment s'appelle-t-il déjà ?

– Fidelius Jump, Monsieur Rockfalter.

– Ah oui... faire don du cheval Fidelius Jump à Monsieur... ? »

L'avocat regardait Manolo, l'air interrogatif.

« Manolo Kourdo, répondit précipitamment le père de Django.

–... à Monsieur Manolo Kourdo... » répéta clairement l'avocat.

Célia redressa subitement la tête. Manolo Kourdo ? Mais ça fait Manolo Cheval, si on traduit, songea-t-elle. Ou plutôt, Manolo Étalon ?

« Kourdo ? Comment l'écrivez-vous ? demanda poliment la secrétaire.

– Comme ça se prononce, répondit Manolo.

– Votre profession ?

– Manouche.

– Vous voyez bien qu'il est tombé en de bonnes mains ! s'exclama l'avocat. Les Gitans s'y entendent en chevaux, n'est-ce pas ?

– Depuis des millénaires, acquiesça Manolo en souriant. »

La secrétaire avait terminé. Elle imprima le contrat en deux exemplaires et le tendit à Rockfalter.

« Il ne nous reste plus qu'à signer, conclut celui-ci en se levant. Pouvez-vous signer ici ? »

Célia tressaillit. Elle se souvint brusquement que Manolo ne savait pas écrire. Comment allait-il s'en sortir ?

Manolo prit le stylo que lui tendait l'avocat et, sans hésitation, traça au bas de chaque feuille une belle arabesque en guise de signature.

« Votre signature est très artistique, commenta l'avocat. Maintenant, tout est en ordre. Voici votre exemplaire. Je garde l'autre pour mes archives, ajouta-t-il avec un sourire. C'est comme ça les avocats, toujours dans la paperasse ! »

Il regarda sa montre :

« Malheureusement, je dois vous quitter. J'ai un rendez-vous. C'est dommage, car j'aurais bien aimé discuter avec vous, mais j'espère que ce n'est que partie remise. Au revoir Monsieur Kourdo, au revoir les enfants. Bonne chance et félicitations pour votre nouveau cheval ! »

L'avocat les reconduisit jusqu'à la porte et serra la main de Manolo.

Ils étaient à peine sortis de la maison que Manolo éclata de rire.

« Manolo Kourdo ! Manolo Kourdo ! Je n'y crois pas moi-même », s'écria-t-il.

Django éclata de rire lui aussi.

« Qu... quelle bla... bla... blague ! parvint-il à articuler entre deux hoquets. Django Kourdo ! »

Célia les regardait interloquée :

« Qu'y a-t-il de si drôle ? Expliquez-moi, je ne comprends pas. Vous ne vous appelez pas comme ça ? »

Ils rirent de plus belle. Cela dura encore plusieurs minutes. Ce fut Django qui se calma le premier :

« Excuse-nous, tu ne pouvais pas comprendre, expliqua-t-il. Ce qu'il y a de drôle, c'est que jamais les Gitans n'ont eu de nom de famille.

– Et les gadjé ne peuvent pas s'empêcher de nous en demander un », enchaîna Manolo. Il avait encore des larmes dans les yeux.

« Pour nous, reprit Django, un nom c'est bien assez. Mais eux, il leur en faut un, deux, trois ou même quatre.

– Bon ! Ce n'est pas tout, rappela Manolo en montant dans sa voiture. Il faut retrouver le kourdo, alias Fidelius Jump Rockfalter. »

Cette fois-ci, tous les trois éclatèrent de rire.

« On doit d'abord mettre la main sur Alex ! observa Django, tandis qu'il descendait l'allée jusqu'à la grille. Il a dû cacher Fidelius Jump quelque part.

– Je me demande bien pourquoi ! s'étonna Célia.

– Comme tu l'as dit, il veut peut-être faire enrager son père, répondit le jeune garçon.

– Quelque chose me dit qu'il doit y avoir une autre explication, murmura Manolo songeur. Mais rejoignons d'abord le camp. »

10
L'enquête se poursuit !

Le contrat passa entre toutes les mains.

« Et on te l'a donné comme ça, tout simplement ? demanda Lenka, méfiante.

– Oui, je te le dis, confirma Manolo exaspéré. Pour rien, gratuitement ! »

Bimbo hocha la tête et ôta son chapeau pour se gratter le crâne.

« Un gadjo qui offre un cadeau à un romanichel, c'est le monde à l'envers ! commenta-t-il d'un ton dubitatif.

– Il y a tout de même un problème, reprit Lenka. Tu as reçu un papier, mais le kourdo ? Jusqu'ici, personne ne sait où il se cache.

– On tient une piste, intervint Célia posément. On a repéré des empreintes. Je suis sûre qu'il s'agit de celles d'Alex. »

Django s'impatientait :

« Bon ! On y va ou quoi ! On a déjà perdu assez de temps comme ça ! »

« Faites attention ! rouspéta Manolo furibond, vous brouillez toutes les pistes ! »

Tout le campement avait voulu les suivre, malgré les protestations de Manolo. Le groupe recula docilement de trois pas. Django, Célia et Manolo se remirent en route, suivant attentivement les traces.

« Elles se dirigent de ce côté ! s'écria Django en indiquant un petit sentier à travers les herbes.

– Regarde nos détectives en action », plaisanta Bimbo.

Les Gitans maintenant les observaient de loin.

« Agite plutôt le contrat, et tu verras le kourdo bondir ! gloussa Lenka moqueuse.

– Django-le-héros mène l'enquête ! » s'écria Senna en éclatant de rire.

Django fit comme s'il n'entendait pas. Il les connaissait, les Gitans étaient comme ça : ils aimaient se moquer et plaisanter entre eux. L'humour était, selon eux, la meilleure manière de garder le moral.

« Le *Shanglo* avait raison ce matin, déclara Manolo, quand il disait que le kourdo devait être caché dans le Bois noir.

– Les empreintes de pas ont disparu ! s'exclama Django. Regardez, là, sur le côté. On dirait des traces de roues de vélo. Alex devait avoir un vélo, c'est évident.

– Les traces font des zigzags, remarqua Manolo. Il a dû se faire tirer par le cheval.

– Décidément, vous êtes de vrais détectives ! » reconnut Célia avec admiration.

Ils arrivèrent à la lisière du bois.

« Nom d'une pipe ! jura Manolo. Une route asphaltée. Il n'y a plus de traces !

– Chut ! souffla Django. J'entends quelque chose au loin. »

Célia tendit l'oreille. Elle entendait le vent qui agitait doucement les feuilles des arbres, auquel se mêlait un léger gazouillis d'oiseaux. Puis, au loin, elle perçut un martèlement régulier qui résonnait faiblement entre les arbres.

« C'est certainement un pic-vert, dit-elle aussitôt.

– Non, c'est un cheval qui hennit très loin ! rectifia Django.

– Ça viendrait du manège ? suggéra Célia tout bas.

– Peut-être. »

Les deux enfants quittèrent la petite route et pénétrèrent dans le bois. Ils durent d'abord traverser d'épais fourrés. Célia essayait de faire le moins de bruit possible. Parfois, des branches venaient lui fouetter le visage, ou accrocher ses vêtements. Elle déchira sa veste et jura en silence.

« Pas un bruit, chuchota Django, j'entends quelqu'un ! »

Les deux enfants s'accroupirent dans les buissons. Des branches craquaient et maintenant, ils entendaient nettement des pas résonner sur le sol.

– Alex ! s'exclama Django à mi-voix, je reconnais ses cheveux. On dirait qu'il ramasse quelque chose… Du foin ! Il transporte du foin !

– Le cheval ne doit plus être loin, murmura Célia. Tu penses qu'il nous a vus ?

– Pas encore. Il s'éloigne. Viens, suivons-le ! »

Le terrain s'inclinait en pente douce.

« Un étang ! » chuchota Célia.

Ils se laissèrent glisser le long de la pente qui menait à l'étang. Non loin de la rive, s'étendait un îlot.

« Regarde, Célia, l'île de Robinson Crusoë ! commenta Django.

– C'est donc là qu'Alex a caché le cheval », murmura la fillette.

Alex émergea soudain des roseaux sur un radeau qu'il faisait avancer à l'aide d'une longue perche.

« Qu'est-ce qu'on fait ? demanda Django à Manolo qui venait de les rejoindre.

– Il faut attendre, répondit celui-ci. Il devra bien rentrer chez lui. C'est à ce moment-là qu'on agira.

– On le prendra par surprise, poursuivit Django, et on récupérera le cheval. »

Célia les regarda, étonnée. Elle était admirative de la complicité qui semblait exister entre eux dans certaines situations.

De brefs hennissements retentirent : Alex avait sans doute accosté.

Alex amarra son radeau à la berge et déchargea le foin qu'il avait apporté. Les hennissements du cheval le firent tressaillir.

« Chut, doucement, c'est moi ! Regarde ce qu'Alex t'a apporté… du bon foin ! » chuchota-t-il en s'approchant de l'animal qui montrait des signes de nervosité. Le cheval se calma aussitôt.

« Tout ça nous prouve bien qu'Alex aussi, voulait le sauver de l'abattoir, murmura Manolo. Voilà pourquoi il l'a caché. Il ne nous reste plus qu'à lui expliquer qu'on poursuit le même but.

– Papa ! Regarde, il retraverse ! souffla Django. Qu'est-ce qu'on fait ? »

Ils attendirent que le garçon eut rejoint la berge pour sortir de leur cachette.

Dès qu'il les aperçut, Alex se précipita vers son vélo pour s'enfuir. Hélas, ses roues s'embourbaient dans le sol marécageux, et il n'arrivait pas à rouler.

« C'est pas la peine ! On est de ton côté, Alex ! cria Manolo d'une voix qui se voulait rassurante.

– Vous ? Les romanichels ? De mon côté ? Ça m'étonnerait beaucoup ! protesta Alex en laissant tomber son vélo avec dépit.

– Écoute, Alex, laisse-nous t'expliquer », reprit Manolo. Il essayait de se rapprocher, mais Alex se tenait sur ses gardes :

« N'approchez pas ! Restez où vous êtes ! hurla-t-il en s'emparant d'une grosse branche tombée. Que voulez-vous ?

– On veut simplement récupérer notre cheval, lança Django, exaspéré par le manège d'Alex.

– Qu'est-ce que tu dis ? Récupérer ton cheval ? s'étonna Alex. Parce que ce cheval t'appartient peut-être ?

– Si tu te décidais à nous écouter, tu comprendrais, espèce de tête de mule ! s'impatienta Django.

– C'est qui, la tête de mule ? » se rebiffa Alex.

Le ton montait de plus en plus entre les deux garçons. Manolo s'interposa :

« Laisse-moi lui expliquer, Django. Ça ne sert à rien de s'énerver... En effet, reprit-il en s'adressant à Alex, le cheval nous appartient maintenant. Tiens, lis ça ! fit-il en lui tendant le contrat. Tu comprendras mieux. Comme toi, nous ne cherchons qu'à protéger le cheval. »

Alex s'empara du papier, perplexe. Il le relut plusieurs fois : « Donc, il n'appartient plus à Rockfalter ? demanda-t-il pour s'assurer qu'il avait bien compris.

– Non ! confirma Manolo. Tu peux nous faire confiance. »

Alex se détendit. Il esquissa même un sourire :

« Et moi qui croyais que vous cherchiez à mettre la main dessus pour obtenir une récompense, avoua-t-il.

– Tu es fou ! s'écria Django, on préfère avoir un cheval qu'une récompense.

– Et dire que j'étais prêt à te foncer dessus, dit Alex en secouant la tête.

– Et moi aussi ! » reconnut Django de bon cœur.

Les deux garçons éclatèrent de rire.

« Et si tu nous montrais le cheval ? » demanda Célia timidement.

11
L'île de Robinson

La traversée fut assez rapide, facilitée par l'adresse de Manolo qui manœuvrait la perche comme un vrai gondolier vénitien.

Ils accostèrent sur une petite plage de sable.
« C'est vraiment l'île de Robinson Crusoë, observa Django en sautant sur la berge.
– Tu viens ici souvent ? demanda Célia.
– Ça fait des années, c'est mon îlot secret, répondit Alex avec fierté. Quand je veux oublier mon père, ses sarcasmes et son maudit abattoir, je me réfugie ici. Mais voici votre cheval !
- Salut Fidelius Jump ! lança Célia. Tu nous reconnais ? »
Fidelius Jump s'ébroua et hennit joyeusement quand il vit les enfants accourir.
« C'est sûr qu'il nous reconnaît. Il nous dit même bonjour, traduisit Django avec un sourire.
– Alors, mon beau kourdo, qu'est-ce que ça te fait d'être un cheval de romanichel ? fit Manolo en donnant une tape affectueuse sur la croupe du cheval. Ça va te changer, tu sais. En tout cas, tu n'as plus rien à craindre. »
Django et Célia rayonnaient. Ils avaient réussi.
« T'as vu, Django, il a encore de la peinture sur le ventre ! remarqua Célia.
– Arrête ! Quand j'y pense, j'en tremble encore, répliqua Django avec une grimace.
– Bon, les enfants, il va falloir rentrer, annonça Manolo. Il se fait tard. »
Le cheval nagea à côté du radeau. Django et Célia ne pouvaient détacher leurs yeux de l'animal, tellement il était beau.

Quand ils eurent traversé, Alex entreprit de le sécher : il prit une touffe d'herbe et se mit à bouchonner l'animal.

« Pas mal, siffla Manolo. Où as-tu appris ça ?

– Au manège, tout près d'ici. Il appartient au père d'un copain. J'y vais dès que je peux. Quand je ne supporte plus l'air de l'abattoir. La peur de mourir, ça empeste à la fin !

– Tu crois que les animaux sentent ce qui va leur arriver ? demanda Célia.

– Oh, c'est comme les gens, il y en a qui ne ressentent rien jusqu'à la fin, mais la plupart le savent. On peut le voir dans leurs yeux. »

Alex renifla.

« Quand j'étais petit, continua-t-il, j'en faisais des cauchemars. »

Alex flatta gaiement l'encolure du cheval, comme pour s'arracher à ses sombres pensées.

« J'adore les animaux ! s'exclama-t-il. Mais c'est les chevaux que je préfère. »

Ils marchèrent tous les quatre en file indienne jusqu'à la lisière du bois. En fait, ils étaient plutôt cinq en comptant le cheval qui suivait docilement Manolo.

Tout en avançant, Alex continuait son histoire :

« Quand j'étais petit, je voulais avoir des animaux comme tous les enfants, mais mon père ne voulait rien entendre. Pour lui, un animal, c'est de la viande dont on fait de la chair à saucisse. Quand je pense que mon père veut que je travaille avec lui !

– À l'abattoir ? demanda Célia.

– Il n'en est pas question ! affirma Alex. De toute façon, il me prend pour un demeuré. S'il savait, il serait bien étonné ! Je compte parmi les meilleurs élèves de ma classe, mais ça fait des années que je falsifie mes bulletins. Je me mets des mauvaises notes. »

Alex s'esclaffait maintenant. Visiblement ravi de son stratagème.

Manolo mit sa main sur son épaule :

« Je dois dire que tu m'étonnes, pour un gadjo. S'ils étaient tous comme toi… Hein, Django ?

– Gadjo ? demanda Alex intrigué.

– C'est nous, expliqua Célia, ceux qui ne sont pas des Gitans. »

Au campement, tout le monde s'attroupa autour du kourdo. C'était comme s'ils n'avaient jamais vu de cheval de leur vie.

« Jump Fidelius, Jump Fidelius, encore un nom de gadjo ! s'indigna Bimbo.

On l'appellera Alex, fit Manolo. Comme ça, pendant le voyage, on se souviendra de toi », dit-il au vrai Alex qui se mit à rougir.

– Pourquoi, vous avez l'intention de partir ? releva Célia qui espérait avoir mal compris.

– Oui, répondit Manolo. On va bientôt reprendre le voyage. C'est toujours ainsi, à cette période de l'année.

– Et vous partez pour longtemps ? demanda Célia inquiète.

– Tout le printemps, et une partie de l'été. Cette année, on voyagera comme de vrais Roms : avec un cheval et une voiture. Après, si tout va bien, je vendrai la voiture et j'achèterai un autre cheval.

– Alors, tu vas partir en voyage, petit kourdo », murmura tristement Célia, en le caressant entre les deux yeux.

Le vrai Alex prit congé de ses nouveaux amis.

« Au revoir, Alex, et bonne chance » ! dit Célia en l'embrassant sur les deux joues.

Le visage d'Alex s'empourpra à nouveau.

« Hum ! fit-il mal à l'aise.

– Prends garde à toi ! Et tâche de réussir tes études ! lui lança Manolo, tandis qu'Alex enfourchait son vélo.

– Ne vous en faites pas pour moi, ça va aller… À bientôt ! »

Ils regardèrent la tête rousse disparaître au coin de la rue.

« C'est sûr que vous reviendrez ? demanda Célia, debout sur le trottoir.

– Oui, répondit Manolo. Mais il faut bien qu'on parte. On ne peut pas rester là toute l'année à camper. C'est ça la vie des Roms maintenant. On vit entre deux mondes : celui de nos grands-parents est dépassé, mais c'est quand même le nôtre et, d'un autre côté, le monde des gadjé nous est tellement étranger… Alors, on va et on vient, on fait comme on peut.

– Vous êtes un peu entre deux chaises, c'est ça ?

– Tu as très bien compris ! s'exclama Manolo en éclatant de rire.

– Bon, j'y vais ! Bon voyage ! leur lança Célia. Vous embrasserez souvent le kourdo pour moi.

– Je te raccompagne à la maison », murmura Django, le cœur battant.

« Prends garde à toi ! Django » fit Célia sur le pas de la porte. Et elle l'embrassa.

Elle souriait, tandis que Django s'enfuyait. Django-le-héros avait rougi.

« À bientôt », s'écria-t-il avant de disparaître.

Traduction de Marie-Ève de Grave
Maquette de couverture de Philippe Bretelle

Cet ouvrage est publié avec le concours
de la Fondation pour la Production et la Traduction
de la Littérature néerlandaise.

Titre original : Hoe verstop je een paard ?

Dépôt légal, mars 1996, Bibliothèque nationale.
I.S.B.N. 2-84181-025-9.
Imprimé en C.E.E. par Partenaires Fabrication